COUPON REDEEMABLE FOR:

_____

_____

_____

_____

_____

_____

COUPON REDEEMABLE FOR:

_____

_____

_____

_____

_____

_____

COUPON REDEEMABLE FOR:

_____

_____

_____

_____

_____

_____

_____

COUPON REDEEMABLE FOR:

_____

_____

_____

_____

_____

_____

COUPON REDEEMABLE FOR:

_____

_____

_____

_____

_____

_____

_____

COUPON REDEEMABLE FOR:

_____

_____

_____

_____

_____

_____

_____

COUPON REDEEMABLE FOR:

_____

_____

_____

_____

_____

_____

COUPON REDEEMABLE FOR:

_____

_____

_____

_____

_____

_____

COUPON REDEEMABLE FOR:

_____

_____

_____

_____

_____

_____

COUPON REDEEMABLE FOR:

_____

_____

_____

_____

_____

_____

_____

COUPON REDEEMABLE FOR:

_____

_____

_____

_____

_____

_____

COUPON REDEEMABLE FOR:

_____

_____

_____

_____

_____

_____

COUPON REDEEMABLE FOR:

_____

_____

_____

_____

_____

_____

COUPON REDEEMABLE FOR:

_____

_____

_____

_____

_____

_____

COUPON REDEEMABLE FOR:

_____

_____

_____

_____

_____

_____

COUPON REDEEMABLE FOR:

_____

_____

_____

_____

_____

_____

COUPON REDEEMABLE FOR:

_____

_____

_____

_____

_____

_____

COUPON REDEEMABLE FOR:

_____

_____

_____

_____

_____

_____

COUPON REDEEMABLE FOR:

_____

_____

_____

_____

_____

_____

COUPON REDEEMABLE FOR:

_____

_____

_____

_____

_____

_____

COUPON REDEEMABLE FOR:

_____

_____

_____

_____

_____

_____

COUPON REDEEMABLE FOR:

_____

_____

_____

_____

_____

_____

COUPON REDEEMABLE FOR:

_____

_____

_____

_____

_____

_____

COUPON REDEEMABLE FOR:

_____

_____

_____

_____

_____

_____

COUPON REDEEMABLE FOR:

_____

_____

_____

_____

_____

_____

COUPON REDEEMABLE FOR:

_____

_____

_____

_____

_____

_____

_____

COUPON REDEEMABLE FOR:

_____

_____

_____

_____

_____

_____

COUPON REDEEMABLE FOR:

_____

_____

_____

_____

_____

_____

COUPON REDEEMABLE FOR:

_____

_____

_____

_____

_____

_____

COUPON REDEEMABLE FOR:

_____

_____

_____

_____

_____

_____

Made in the USA
Columbia, SC
20 December 2019